Pedagogia da Alegria

Eder Vasconcelos

Pedagogia da Alegria

Uma senda para encontrar a vivacidade

Dados Internacionais de Catalogação na Publicação (CIP)
(Câmara Brasileira do Livro, SP, Brasil)

Vasconcelos, Eder
  Pedagogia da alegria : uma senda para encontrar a vivacidade / Eder Vasconcelos. – 1. ed. – São Paulo : Paulinas, 2020.
  72 p.

  Bibliografia
  ISBN 978-65-5808-016-9

  1. Vida cristã - Alegria 2. Evangelho 3. Pedagogia 4. Testemunhos (Cristianismo) I. Título

  20-2267   CDD 248.4

Índice para catálogo sistemático:
1. Vida cristã   248.4

Angélica Ilacqua – Bibliotecária – CRB-8/7057

1ª edição – 2020

Direção-geral: *Flávia Reginatto*
Editora responsável: *Marina Mendonça*
Copidesque: *Ana Cecilia Mari*
Coordenação de revisão: *Marina Mendonça*
Revisão: *Sandra Sinzato*
Gerente de produção: *Felício Calegaro Neto*
Capa e diagramação: *Tiago Filu*
Imagem capa: @ *Ale-ks / depositphotos.com*

Nenhuma parte desta obra poderá ser reproduzida ou transmitida por qualquer forma e/ou quaisquer meios (eletrônico ou mecânico, incluindo fotocópia e gravação) ou arquivada em qualquer sistema ou banco de dados sem permissão escrita da Editora. Direitos reservados.

Paulinas
Rua Dona Inácia Uchoa, 62
04110-020 – São Paulo – SP (Brasil)
Tel.: (11) 2125-3500
http://www.paulinas.com.br – editora@paulinas.com.br
Telemarketing e SAC: 0800-7010081
© Pia Sociedade Filhas de São Paulo – São Paulo, 2020

SUMÁRIO

PREFÁCIO 7
UMA PALAVRA INICIAL 11

1 O ANÚNCIO DA ALEGRIA 17
A boa mensagem 20
Alegria, marca do Cristianismo 24
Deus é alegria 27
Espiritualidade da alegria 31

2 TESTEMUNHAS DA ALEGRIA 37
Cristo, nossa alegria 37
A alegria espiritual 40
No rastro da alegria 41

3 VIVER SEMPRE ALEGRES 49
A fonte da alegria cristã 50
Alegria e esperança 54
Alegria e paz 56
A vida é alegria 58

UMA PALAVRINHA FINAL 65
REFERÊNCIA BIBLIOGRÁFICA 67

PREFÁCIO

Prefácio: um dizer que antecipa, sem antecipar. Uma palavra que indica o caminho da leitura, sem dizer; despertar no leitor o desejo do ler.

Pedagogia! A palavra grega *paidagogos* é formada por *paidós* + *agogôs*; *paidós* = criança e *agogôs* = condutor. Pedagogo: a pessoa que desperta a criança para o porvir. Despertar para o caminho a ser percorrido. Pedagogia, a arte de despertar! Um abrir olhos, como descoberta de cintilações, vibrações. Essas descobertas é que vão possibilitando identidade, o ser pessoa.

Alegria: do latim *alacritas* ou *alacer*, que tem o sentido de vivaz, contente, ânimo leve, fecundo. Ser tomado pela leveza, pelo contentamento, pela fecundidade da vida. Fecundidade da vida que traz a leveza quase infantil de viver.

Pedagogia da alegria, uma alegria que conduz, desperta, traz fecundidade. Alegria como uma pedagoga que abre constantemente possibilidades existenciais ante a cotidianidade dura e, às vezes, aniquiladora. Mas, se alegria traz no seu bojo o sentido de fecundidade, ela abrirá os olhos para o que está por vir.

Na oração "Louvores do Deus Altíssimo", Francisco de Assis reza: "Tu és o gáudio. Tu és a nossa esperança e alegria". Tu és! Alegria como pedagogia nos faz perceber que o modo de Deus desperta em nós a leveza e a sutileza, o humor de viver, pois Deus é alegria. Alegria como ser tocado por Deus, para, assim, romper em cântico, exultação, fé, caminho.

O Papa Francisco insiste na alegria como fundamento do anúncio, da proclamação do Evangelho. A alegria de que o Evangelho é caminho.

> O Evangelho, onde resplandece gloriosa a cruz de Cristo, convida insistentemente à alegria. Apenas alguns exemplos: "Alegra-te" é a saudação do anjo a Maria (Lc 1,28). A visita de Maria a Isabel faz com que João salte de alegria no ventre de sua mãe (cf. Lc 1,41). No seu cântico, Maria proclama: "O meu espírito se alegra em Deus, meu Salvador" (Lc 1,47). E, quando Jesus começa o seu ministério, João exclama: "Esta é a minha alegria! E tornou-se completa!" (Jo 3,29). O próprio Jesus "estremeceu de alegria sob a ação do Espírito Santo" (Lc 10,21). A sua mensagem é fonte de alegria: "Manifestei-vos estas coisas, para que esteja em vós a minha alegria, e a vossa alegria seja completa" (Jo 15,11). A nossa alegria cristã brota da fonte do coração transbordante de

Jesus. Ele promete aos seus discípulos: "Vós haveis de estar tristes, mas a vossa tristeza há de converter-se em alegria" (Jo 16,20). E insiste: "Eu hei de ver-vos de novo! Então, o vosso coração há de alegrar-se e ninguém vos poderá tirar a vossa alegria" (Jo 16,22). Depois, ao verem-no ressuscitado, "encheram-se de alegria" (Jo 20,20). O livro dos Atos dos Apóstolos conta que, na primitiva comunidade, "tomavam o alimento com alegria" (2,46). Por onde passavam os discípulos, "houve grande alegria" (8,8); e eles, no meio da perseguição, "estavam cheios de alegria" (13,52). Um eunuco, recém-batizado, "seguiu o seu caminho cheio de alegria" (8,39); e o carcereiro "entregou-se, com a família, à alegria de ter acreditado em Deus" (16,34). Por que não havemos de entrar, também nós, nesta torrente de alegria? (EG, n. 5).

A alegria que nasce, que é concedida e revela nova compreensão, nova percepção, novo horizonte, nova relação. A alegria não é produzível, comprável, negociável. A alegria não é da nossa possibilidade de conquista. É dom, é graça! Pedagogia da alegria ou alegria pedagógica? Por não ser produção nem finalidade, a alegria é ela e nada mais. Por isso: tu és a alegria!

Eder Vasconcelos oferece aos leitores e leitoras diversas pistas para que entrem na pedagogia da alegria como dom. Desperta o desejo da alegria, mas também indica o caminho da receptividade, sem a qual a gratuidade da alegria não encontra espaço.

Uma leitura boa e alegre!

Leonardo Ulrich Steiner
Arcebispo metropolitano de Manaus

UMA PALAVRA INICIAL

PEDAGOGIA DA ALEGRIA é uma senda, uma vereda, uma trilha para viver a alegria do Evangelho que enche o coração e dá sentido à vida de todos aqueles e aquelas que se encontram pessoalmente com Jesus de Nazaré, o Verbo encarnado do Pai. Para os cristãos e cristãs, a alegria é um estado, um estilo de vida: vivei sempre alegres.

O salmista louva a Deus alegremente: "Este é o dia que o Senhor fez: seja para nós dia de alegria e de felicidade" (Sl 117,24). Não podemos recusar o convite do cantor do Salmo: "Ó justos, alegrai-vos e regozijai-vos no Senhor. Exultai, todos vós, retos de coração" (Sl 31,11). No louvor, entramos em contato com a alegria que brota dentro de nós e se derrama para o mundo. A alegria é expressão de vivacidade, movimento, fluidez, relação. Viver na trilha da pedagogia da alegria é viver contentes com a fé-vida que herdamos de homens e mulheres que deixaram no mundo a marca de sua própria alegria.

A alegria caminha no compasso da harmonia, do ritmo, da sinfonia, da música, é o que nos recorda o dominicano Timothy Radcliffe:[1] "Se alegria cristã não é, simplesmente, uma bela sensação, mas uma primeira participação no paraíso e na vida de Deus, ela supera todas as nossas palavras. Por isso, desemboca naturalmente na música". A música é via natural de expressão da nossa alegria e de nossa fé no Deus da vida.

A alegria é o núcleo de irradiação do Evangelho. Temos que aprender a ser discípulos e discípulas da alegria. Aprender a distribuir a alegria que nasce qual semente da vivência do Evangelho em comunidade. É em comunidade que confirmamos: a "alegria do Senhor é a nossa força", é a nossa razão de existir.

A pós-modernidade trouxe muitas vantagens em todas as áreas do conhecimento humano. Todavia, com isso se criou uma cultura da hilaridade, enquanto seres humanos continuam vitimados pela tristeza e pelo sofrimento, fruto de um profundo egocentrismo. O ser humano não foi criado para a tristeza, mas para a alegria; não uma alegria compulsória. Alegria é expressão de vivacidade. Onde me sinto vivo, é onde também estou cheio de alegria, cheio de fluidez.

---

[1] *Por que ter fé? Crer em tempos de incerteza.* São Paulo: Paulinas, 2018, p. 117.

Neste século XXI, é muito importante buscarmos uma pedagogia da alegria para vivermos com intensidade cada momento, cada instante da existência. Vivermos com alegria aqui e agora. Não temos outro momento especial a não ser este: o presente. Assim, podemos tornar a vida mais bela e criativa.

Portanto, temos a grande responsabilidade de tornar este mundo mais bonito, a partir do nosso testemunho alegre e verdadeiro. Dizendo de outra forma, temos a tarefa de gravar nele um sinal de beleza. O belo agrada e alegra. O belo leva ao espanto, à admiração, à alegria de viver e compartilhar a vida com os outros. A alegria profunda transforma-se em um hino de louvor e gratidão ao Criador: "Aclamai o Senhor, povos todos da terra; regozijai-vos, alegrai-vos e cantai" (Sl 97,4).

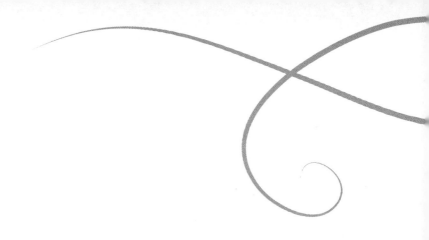

*"A alegria é a primeira
e a última palavra do Evangelho."*

Paul Claudel

1
O ANÚNCIO DA ALEGRIA

Anunciar a tua alegria com a minha voz
e com o meu silêncio
este é o meu maior desejo
que carrego no coração.

O anúncio do Evangelho da alegria não pode entrar numa casa de porta fechada. O filósofo dinamarquês, Sören Kierkegaard,[1] certificou: "A porta da casa da alegria também se abre para fora". Alegria não deve ser algo somente interno, mas também externo. Na casa da alegria, o riso extravasa pela porta que se abre para fora.

O teólogo, biblista e escritor José Tolentino Mendonça[2] tece um comentário consistente a respeito daquilo que ele compreende como Evangelho da alegria. Eis o que ele diz: "No começo do Evangelho de São Lucas há um refrão que

---

[1] *Diário-Vozes*, 2015, p. 46.
[2] *Nenhum caminho será longo. Para uma teologia da amizade*, 2013, p. 135.

é anunciado, com toda a clareza, pelos anjos do céu. Esse refrão constitui uma espécie de pequeno Evangelho, transparente e absoluto, como aquilo que desceu do céu; e é também, de certa forma, o resumo do grande Evangelho". O refrão anunciado, ao qual José Tolentino se reporta, é este do anjo aos pastores: "Eu vos anuncio uma grande alegria que o será para todo o povo: "Hoje, na cidade de Davi, nasceu para vós um Salvador, que é o Cristo Senhor" (Lc 2,10-11).

Aqui há um estremecimento de alegria, de nostalgia para todos. É o anúncio de uma alegria plena, divina e humana. O teólogo brasileiro Leonardo Boff[3] enfatiza com precisão: "Não temos a alegria dos bobos alegres que são alegres sem saber por quê. Temos motivos para o júbilo radiante, para a alegria plena e para a festa solene: Deus se fez pessoa humana e veio morar em nossa casa. Que significa isso? Celebrar esta alvissareira notícia supõe mostrar os motivos da alegria e dar as razões da festa". A alegria, o júbilo, a festa pela encarnação do Verbo é algo extraordinário, contagiante.

O Papa Emérito Bento XVI[4] afirma: "A Igreja tem a vocação de levar ao mundo a alegria, uma alegria autêntica e duradoura, aquela que os anjos anunciaram aos pastores de

---

[3] *Natal: a humanidade e a jovialidade de nosso Deus*, 2004, p. 12.
[4] Mensagem do Papa Bento XVI para a XXVII Jornada Mundial da Juventude, 2012, p. 2.

Belém na noite do nascimento de Jesus". A nossa missão é levar ao mundo uma alegria autêntica e duradoura.

Ainda no início do Evangelho de Lucas encontram-se os pobres que vivem esperando o momento para contemplar de perto a alegria em sua vida. Nessa lista está a profetisa Ana, que espera um filho. Isabel e Zacarias que também esperam um filho. O velho Simeão que quer carregar, olhar, abraçar o menino que salvará o mundo.

Maria é outra personagem pobre que canta a alegria dos pobres que confiam no Deus de Israel. Ela entoa um hino de louvor e gratidão pelas maravilhas que Deus realiza entre os pobres da terra: "A minha alma anuncia a grandeza do Senhor. O meu espírito está alegre por causa de Deus, meu Salvador" (Lc 1,47). O canto, a música deixam a alma inundada de alegria. Os homens e mulheres justos vivem na expectativa da alegria. O livro de Provérbios nos lembra dessa verdade: "A expectativa dos justos causa alegria" (Pv 10,28).

"A alegria do Evangelho enche o coração e a vida inteira daqueles que se encontram com Jesus. Quantos se deixam salvar por ele são libertados do pecado, da tristeza, do vazio interior, do isolamento. Com Jesus Cristo, renasce sem cessar a alegria." É com estas palavras que o Papa Francisco[5] inicia a

---

[5] Primeira Exortação apostólica, intitulada *Evangelii Gaudium*, ou seja, Alegria do Evangelho.

Exortação apostólica *Evangelii Gaudium* (*Alegria do Evangelho*). A alegria do Evangelho faz o coração pulsar mais forte e transforma a vida daqueles que foram visitados pela tristeza e pelo sofrimento.

A BOA MENSAGEM

O que significa Evangelho?

A palavra "evangelho", do grego = *euaggelion*, quer dizer: "Boa Notícia", "Boa-Nova", "Boa Mensagem". Nesse sentido, podemos dizer que o Evangelho de São Lucas contém a pedagogia da alegria. O Anjo do Senhor anuncia, comunica, para aquela gente simples e pobre, uma mensagem de alegria, de júbilo, de enternecimento. Não é um simples anúncio. É um anúncio revolucionário, que vai mudar a humanidade.

O filósofo francês Jacques Maritain[6] acertadamente disse: "O anúncio essencial do Evangelho é ensinar aos homens que o amor vale mais que a inteligência". Temos pessoas com uma inteligência incrível, contudo, são pobres, carentes de amor. Os cristãos de hoje sabem qual é realmente o anúncio essencial do Evangelho?

O que é o Evangelho?

---

[6] <https://www.isdomingos.com/index8087.html?menu=8880>.

O padre François Varillon[7] explica: "O Evangelho não é só uma mensagem. Existe, sem dúvida, uma mensagem cristã, mas o Evangelho, antes de ser mensagem, é uma pessoa, a própria pessoa de Jesus Cristo. É sabido que a palavra 'evangelho' significa 'Boa-Nova'. Esta Boa-Nova não é, em primeiro lugar, o que Cristo nos diz, mas o que ele é. É a Boa-Nova da Encarnação: Deus ama de tal modo o homem que se faz homem. Amar é querer tornar-se aquele que se ama, ser um com ele. A motivação mais profunda da minha fé é que nada pode superar a Encarnação. Não é possível para Deus amar mais o homem do que tornando-se ele mesmo homem". O Evangelho não é livro; é mais que um livro. É mais que uma mensagem, é uma pessoa concreta: Jesus de Nazaré. Ele é o Evangelho vivo e verdadeiro.

Você pode se perguntar, mas para quem é o Evangelho? Na Exortação apostólica pós-sinodal *Christus Vivit*, o Papa Francisco[8] responde: "O Evangelho é para todos, e não apenas para alguns. Não é apenas para aqueles que parecem a nossos olhos mais próximos, mais abertos, mais acolhedores. É para todos". O Evangelho, assim como seu anúncio, destina-se a todos, homens e mulheres, indistintamente. Não é apenas para um grupo seleto. Ele é de todos, universal. Todos podem beber dessa fonte inesgotável.

---

[7] *Alegria de crer e alegria de viver*, 2003, p. 83.
[8] Exortação apostólica pós-sinodal *Christus Vivit*, 2019, p. 70.

O lema do Irmão Charles de Foucauld era: "Gritar o Evangelho com a própria vida". Nossa vida deve ser um eco do Evangelho.

Charles de Foucauld[9] escreve: "Toda a nossa existência, todo o nosso ser deve gritar o Evangelho de cima dos telhados. Toda a nossa pessoa deve respirar Jesus, todos os nossos atos, toda a nossa vida deve gritar que somos de Jesus, devem apresentar uma imagem da vida evangélica. Todo o nosso ser deve ser uma pregação viva, um reflexo de Jesus, um perfume de Jesus, algo que proclame Jesus, que faça ver Jesus, que brilhe como um ícone dele".

Diante dessa bela fala de Foucauld, perguntamos: como podemos ajudar-nos reciprocamente a manter viva a alegria de anunciar o Evangelho? A resposta talvez seja esta: se não tivermos uma vida real, não teremos alegria nenhuma.

Fazer de toda a nossa vida uma proclamação do Evangelho da alegria não é brincadeira. Não são palavras soltas. É o conteúdo de uma vida guiada e conduzida pelo Espírito. Isso me lembra o refrão que cantamos em nossas comunidades: "Fazei ecoar a Palavra de Deus em todo lugar". Fazer ecoar a Palavra da alegria nos quatro cantos do mundo. Essa é nossa missão. Essa é nossa alegria!

---

[9] *Espiritualidade para o nosso tempo. Com Carlos de Foucauld*, 2007, p. 53-54.

Santo Agostinho[10] diz: "A busca de Deus é a busca da alegria. O encontro com Deus é a própria alegria". Buscar e encontrar Deus é nossa alegria e nossa meta diária. Bento XVI[11] escreve: "A aspiração pela alegria está impressa no íntimo do ser humano. Além das satisfações imediatas e passageiras, o nosso coração procura a alegria profunda, total e duradoura, que possa dar 'sabor' à existência". Necessitamos de uma alegria que dê sabor, gosto a nossa existência. Uma alegria prazerosa.

O escritor Johann Wolfgang von Goethe[12] entendia que "A alegria não está nas coisas: está em nós". A alegria não está nas coisas materiais, ela é um componente da vida interior. Segundo o filósofo Baruch Spinoza:[13] "Quanto mais alegria nós temos, mais perto da perfeição nós estamos". Para chegar à perfeição do amor, é necessário ter sempre mais alegria. A alegria é o termômetro do grau de perfeição que já alcançamos e que ainda precisamos alcançar nesta vida.

---

[10] <https://citacoes.in/autores/santo-agostinho/>.
[11] Mensagem do Papa Bento XVI para a XXVII Jornada Mundial da Juventude, 2012, p. 2.
[12] <http://www.citador.pt/frases/a-alegria-nao-esta-nas-coisas-esta--em-nos-johann-wolfgang-von-goethe-10679>.
[13] <http://mensagens.culturamix.com/frases/alegria/as-melhores--frases-para-cultivar-a-alegria>.

ALEGRIA, MARCA DO CRISTIANISMO

Madre Teresa de Calcutá[14] gostava de dizer: "A nossa alegria é o melhor modo de pregar o Cristianismo". Um sorriso, um toque, um gesto carinhoso e caridoso fazem a diferença em meio à frieza. E tudo tem a sua recompensa. Paulo escreve aos cristãos de Corinto: "Deus ama a quem dá com alegria" (2Cor 9,7).

Para o escritor russo Leon Tolstói,[15] "A alegria de fazer o bem é a única felicidade verdadeira". Fazer o bem, para ver o outro feliz, gera uma atmosfera benéfica de alegria e contentamento. "A alegria, de fato, não pode deixar de compartilhar com outrem. No próprio Deus tudo é alegria porque tudo é dom", exortava Paulo VI.[16] A pedagogia da alegria nos leva a compartilhar o dom da alegria com os que estão tristes, oprimidos, deprimidos e feridos.

Na minha vida encontrei pessoas alegres, muito alegres, mesmo com quase nada para viver. Olhando para essas pessoas, vinha-me na mente o pensamento do filósofo romancista Georges Bernanos,[17] que dizia: "Saber encontrar a

---

[14] <http://jovensdacruz.com.br/frases-sobre-alegria/>.
[15] <http://www.citador.pt/frases/a-alegria-de-fazer-o-bem-e-a-unica-felicidade-ver-lev-tolstoi-6790>.
[16] *Alegria cristã*, 1975, p. 59.
[17] <http://www.citador.pt/frases/saber-encontrar-a-alegria-na-alegria-dos-outros-georges-bernanos-6265>.

alegria na alegria dos outros é o segredo da felicidade". Os outros nos animam e contagiam com a sua alegria, quando comungamos da sua vida e da sua história.

Henri Nouwen,[18] com sua habilidade psicológica e sabedoria de guia espiritual, dizia: "A alegria é o dom secreto da compaixão. Continuamos a esquecer-nos disso e inconscientemente a procuramos em outros lugares. Mas, cada vez que voltamos para onde existe a dor, conseguimos uma nova 'amostra' de alegria que não é deste mundo". A alegria é o dom da compaixão. Não podemos conter-nos em uma alegria narcisista. A alegria como dom da compaixão é para ser partilhada com as pessoas mais próximas de nós.

O Papa Francisco[19] diz: "Não podemos pensar numa Igreja sem alegria porque Jesus, o seu esposo, estava cheio de alegria. Portanto, todos os cristãos devem viver com a mesma alegria no coração e anunciá-la até aos extremos confins do mundo". Os Evangelhos não mostram Jesus sorrindo, mas certamente ele foi um ser humano profundamente alegre, cheio de vivacidade.

São João, em seu Evangelho, revela-nos os últimos momentos da vida de Jesus com seus discípulos e discípulas,

---

[18] <http://seguirjesus.blogspot.com/2007/07/o-dom-secreto-da-compaixo.html>.
[19] <https://ideeanunciai.wordpress.com/2016/11/03/frases-sobre-alegria-02/>.

ocupando-se de um tema todo especial: a alegria. Jesus oferece a sua própria alegria aos seus amigos: "Digo-vos estas coisas para que a minha alegria esteja em vós e vossa alegria seja completa" (Jo 15,11).

O padre Rui Santiago[20] tece um comentário claro a respeito do texto de São João. Ele diz: "É coisa séria a alegria! É coisa tão séria a alegria, que Jesus a coloca no coração da sua despedida dramática, no centro da hora mais intensa da sua convivência com os discípulos e discípulas. Uma das coisas mais sérias que Jesus tem para nos transmitir é o desejo de vivermos na sua alegria, coisa que vem juntinha ao mandamento do amor pelos irmãos". Se tivermos a alegria e o amor de Jesus em nós, a nossa alegria será plena.

A mística carmelita Santa Teresa dos Andes[21] disse: "Quando se ama, tudo é alegria, a cruz não pesa, o martírio não se sente, vive-se mais no céu que na terra". Quando se ama verdadeiramente, tudo é alegria. A cruz, a dor e o sofrimento são relativizados pelo amor. Nesse sentido, é positivo o pensamento de William Shakespeare[22] de que: "A alegria evita mil males e prolonga a vida". A alegria é terapêutica, pois gera bem-estar corporal, mental e espiritual.

---

[20] <http://seguirjesus.blogspot.com/search/label/Alegria>.
[21] <http://jovensdacruz.com.br/frases-sobre-alegria/>.
[22] <https://www.mensagens10.com.br/mensagem/10944>.

DEUS É ALEGRIA

O teólogo e escritor brasileiro Rubem Alves[23] fala da alegria usando o recurso da imagem. Para ele, a alegria é um pássaro, e um pássaro livre. Ele diz: "A alegria é um pássaro que só vem quando quer. Ela é livre. O máximo que podemos fazer é quebrar todas as gaiolas e cantar uma canção de amor, na esperança de que ela nos ouça. Oração é o nome que se dá a esta canção para invocar a alegria". A alegria é um pássaro. É uma bela imagem para compreender o sentido do ser alegre. Um pássaro voa, é leve, é livre. A alegria não pode ser imposta a ninguém. Ela é a expressão da alma que não está presa a nenhum tipo de gaiola, corrente ou cativeiro.

No Evangelho de São João, Jesus diz a seus discípulos: "Também vós, agora, sentis tristeza, mas novamente vos verei e vosso coração se alegrará e vossa alegria ninguém poderá tirá-la de vós" (Jo 16,22). As palavras de São Francisco de Sales[24] estão em perfeita consonância com as palavras de Jesus: "A alegria abre, a tristeza fecha o coração".

A tristeza pode fechar o coração, mas a alegria enaltecida da ressurreição abre, escancara as portas do coração. "Acredito totalmente em Jesus, quando ele diz que é razão de ser de

---

[23] *Presente, frases, ideias, sensações...*, 2004, p. 64.
[24] <https://www.frasesdobem.com.br/frase/8816>.

tudo o que nos dá a conhecer, partilhar conosco a sua alegria e levar-nos à experiência da alegria mais profunda e mais completa", explica Rui Santiago.[25] A pedagogia da alegria almeja nos conduzir para a experiência de uma alegria que nasce do encontro com Jesus, o Vivente.

Na caminhada do dia a dia, encontramos pessoas cheias de alegria, muitas vezes, pelo simples fato de receber a visita de um amigo que veio de longe, pelo resultado positivo de um exame que recebeu, pela notícia de um filho que passou no vestibular etc. Como não compartilhar dessa alegria?

José Tolentino Mendonça[26] escreve: "Não há nada mais miserável em nós do que não sabermos alegrar-nos com a alegria dos outros. Compreender a dor dos outros e sair-lhes ao encontro é uma regra indiscutível. As pessoas felizes são aquelas capazes de dedicar-se a alegrias que não lhes pertencem. De conspirar discretamente para que elas aconteçam. De favorecê-las de muitas maneiras". Alegrarmo-nos com os outros, isso é algo que mostra o grau, o tamanho de nossa humanidade.

Há uma alegria que brota do interior da pessoa, e essa alegria torna-nos homens e mulheres da esperança e da liberdade,

---

[25] <http://seguirjesus.blogspot.com/search/label/Alegria>.
[26] <https://fraternitasmovimento.blogspot.com/2013/11/a-alegria-dos-outros.html?view=sidebar>.

em meio às catástrofes e aos fatalismos presentes no mundo. Rui Santigo[27] atesta: "Há uma alegria que vem de dentro, que faz parte da arte de nos tornarmos pessoas da Esperança e da Liberdade! Ser da Esperança e ser da Liberdade gera em nós a nascente interior de uma Alegria capaz de confundir todas as lógicas e vencer todas as fatalidades". A verdadeira alegria brota do nosso núcleo mais íntimo *(self)*, onde somos um com o Deus Uno e Trino. Essa alegria que vem da alma, não é passageira. É uma alegria que brota da esperança, da certeza e da íntima amizade com Jesus.

Para Rubem Alves,[28] "Deus é alegria. Uma criança é alegria. Deus e uma criança têm isso em comum: ambos sabem que o universo é uma caixa de brinquedos. Deus vê o mundo com os olhos de uma criança. Está sempre à procura de companheiros para brincar". Deus é alegria. É uma afirmação direta. Ele está sempre em busca de parceiros para brincar.

Deus está sempre nos convidando a sair da "seriedade" em que vivemos para brincar com ele. Se meu Deus é alegria, não tem por que eu viver triste. Isso seria uma contradição. Michel Quoist[29] também afirma: "Deus é alegria, se se

---

[27] <http://seguirjesus.blogspot.com/search/label/Alegria>.
[28] *A grande arte de ser feliz*, 2014, p. 19.
[29] <https://quemdisse.com.br/frase/deus-e-alegria-se-se-entregares-a-deus-te-entregaras-a-alegria/100538/>.

entregares a Deus, te entregarás à alegria". E Amedeo Cencini,[30] padre e psicólogo italiano, diz: "Deus é alegria, e alegria é divina". Resumindo, Deus é alegria humana e divina. Sua alegria se mistura com a nossa e a nossa com a dele. Somos filhos e filhas do Deus da alegria infinita e eterna.

Para estarmos alegres, não precisamos ter motivos especiais. A alegria do cristão nasce da sua profunda e autêntica experiência com o Cristo ressuscitado. Henri Nouwen[31] diz: "Compreendemos que alegria não é questão de festas e balões, de possuir uma casa, ou mesmo de ter filhos que vão bem na escola. A alegria provém de uma experiência mais profunda: a experiência com Cristo". A verdadeira alegria provém da interioridade habitada pela Presença. Ser alegre não se resume a mostrar os dentes. Não basta se encher de coisas materiais. Partindo de sua experiência espiritual e terapêutica, Amedeo Cencini[32] acentua: "A alegria não é uma simples sensação, mas indica um processo interior muito dinâmico que envolve mente e coração, sentidos externos e internos, e cujo ponto terminal é uma sensação que justamente chamamos alegria, à qual no Evangelho Jesus dá o nome de bem-aventurança, termo que remete à ideia de tranquilidade, bem-estar, serenidade". Alegria é

---

[30] *Alegria, sal da vida cristã*, 2018, p. 76.
[31] *Transforma meu pranto em dança*, 2007, p. 45.
[32] *Alegria, sal da vida cristã*, 2018, p. 86.

um movimento, uma emoção que envolve, unifica mente-coração-espírito. A alegria não está apenas no nível do intelecto. Ela integra todo o ser da pessoa.

Para o rabino Baal Shem Tov,[33] "A alegria não está nos presentes que você ganha ou nos objetos que compra. A alegria é algo que você cria dentro de si mesmo". Quantos pais enchem os filhos de presente caros para suprir, compensar a sua ausência na vida dos filhos. Essa é uma alegria passageira, momentânea. Amedeo Cencini[34] resume: "A alegria é fruto típico de uma vida coerente". Uma vida boa e coerente mostra traços de alegria e felicidade.

ESPIRITUALIDADE DA ALEGRIA

A alegria é um sentimento interior presente no ser humano. Ela está relacionada à dimensão da interioridade, ou seja, ao espaço sagrado onde Deus mora em nós. Essa interioridade não é um simples voltar-se para o próprio umbigo ou para o ego inflado.

Thomas Moore[35] escreve de forma clara e direta: "Quando a espiritualidade se afasta demais do corpo e do mundo

---

[33] <https://www.coisasjudaicas.com/2015/08/sabios-pensamentos.html>.
[34] *Alegria, sal da vida cristã*, 2018, p. 73.
[35] *Escrito na areia. O exemplo de Jesus nos ensina a viver melhor*, 2009, p. 160-161.

material, perde a alegria [...] Quanto mais estivermos vivos dentro do nosso corpo e desfrutarmos os simples prazeres da vida, mais embasada e alegre será nossa felicidade". Somos pessoas com corpo, alma e espírito. É por meio do corpo que expressamos nosso ser alegre. Portanto, uma espiritualidade que negligencie o corpo torna-se fora de prumo e neurótica.

O padre Henri Nouwen[36] argumenta: "A alegria não é algo que acontece assim sem mais nem menos. Temos de escolher a alegria e continuar a escolhê-la todos os dias. É uma escolha baseada no conhecimento de que encontramos em Deus o nosso refúgio e segurança, e de que nada, nem sequer a morte, nos pode separar de Deus". Escolher e acolher a alegria todos os dias é receber novo impulso para a caminhada. Os pastores acolheram o anúncio da alegria em seu coração. Ficaram tomados, repletos de uma alegria que une o céu a terra. Um coração assim não tem espaço para a angústia, a tristeza, a depressão etc.

Todos têm o direito de chorar e ficar tristes, mas ninguém tem o direito de renunciar à alegria de viver o Evangelho. Michel Quoist[37] disse belamente: "Tens o direito de chorar, mas mesmo entre lágrimas não tens o direito de renunciar à

---

[36] <https://combonianum.org/liturgia-liturgy/quaresima-lent/40-dias-com-henri-nouwen/>.
[37] *Pensamentos e orações*, 2002, p. 13.

alegria". Em cada um de nós, existe um espaço de alegria que ninguém pode tirar. Alegria possui uma centelha divina. É vida que emerge das profundezas do ser.

A alegria é um direito e um dever do ser humano. Porém, jamais podemos esquecer que hoje milhares de pessoas vivem tristes por inúmeros motivos. É para essas pessoas que nós, cristãos, devemos testemunhar a alegria com a nossa própria vida.

Em uma carta escrita em 1951, dirigida aos estudantes, Albert Einstein[38] escreveu: "Quem conheceu a alegria da compreensão conquistou um amigo infalível para a vida. O pensar é para o homem, o que é voar para os pássaros. Não toma como exemplo a galinha quando podes ser uma cotovia". A alegria não pode ser uma fantasia, uma mímica, uma máscara etc. A alegria é uma marca, é um sinal, é um dom.

O teólogo José Maria Castillo[39] faz uma declaração surpreendente: "Vou declará-lo com toda clareza: A 'espiritualidade da alegria' é uma das formas mais exigentes e difíceis, mais mortificantes e (às vezes) mais heroicas que podemos enfrentar nesta vida, do modo como nós, seres humanos, normalmente funcionamos. Pois, quando falamos desse tema, não se trata de alguém programar a própria vida a fim de viver sempre alegre e em contínua diversão. Sabemos,

---

[38] Essa carta do cientista foi encontrada juntamente com uma foto, em um antigo cofre do Colégio Anchieta, em Porto Alegre.
[39] *Espiritualidade para insatisfeitos*, 2012, p.69.

sobejamente, que isso não é possível, por causa do modo como andam as coisas neste mundo". Uma espiritualidade da alegria não deve jamais alimentar a ilusão de que a vida é pura alegria e diversão vinte e quatro horas por dia. Todos nós vivenciamos momentos de alegria e tristeza ao longo da vida. Criar e recriar uma espiritualidade da alegria não é uma tarefa fácil, diante do cenário de sofrimento que a humanidade apresenta.

Pergunta-se: diante da dor, do preconceito, do terrorismo, da violência, do assédio, do abuso sexual e até mesmo da morte, como manter-se alegre? É sabido que não podemos estar sempre alegres, mas é evidente, como diz Ralph Boller,[40] "Aquele que dá uma alegria a outrem presenteia a si mesmo". A alegria verdadeira é alegria compartilhada no espírito da compaixão e da solidariedade. Michel Quoist[41] disse com acerto: "Colocando-nos ao serviço dos outros, vencemos na vida e conhecemos a alegria de Deus". O serviço desinteressado aos outros é um caminho para vencer os obstáculos e conhecermos a incomparável alegria de Deus.

O Papa Paulo VI[42] dizia: "A alegria cristã é, por essência, participação espiritual na alegria insondável, ao mesmo

---

[40] *O que tem importância na vida*, 2008, p. 23.
[41] <http://dialogoaberto.blogspot.com/2008/02/>.
[42] *Alegria cristã*, 1975, p. 15.

tempo divina e humana, que está no coração de Jesus Cristo glorificado". A alegria cristã, na sua essência, é espiritual, porque bebe da fonte de Jesus Cristo glorificado. É do coração de Jesus que brota o dom da alegria verdadeira.

A decisão do cristão de viver alegre ou amargamente é algo muito pessoal. A monja e escritora beneditina Joan Chittister[43] sabiamente escreve: "Podemos decidir viver com alegria. Ou podemos viver olhando para trás com amargura". A vida foi entregue em nossas mãos, temos o direito de viver alegres ou tristes. Temos dois caminhos diante de nós. Qual escolheremos?

---

[43] *A dádiva do tempo. Envelhecer com dignidade*, 2013, p. 52.

Exercício espiritual

Escreva uma pequena biografia da alegria, ou melhor, faça uma breve memória dos momentos alegres que marcaram sua vida. Procure fazer isso utilizando um diário, uma agenda ou até uma folha de papel. Depois, reze e agradeça ao Senhor por esses momentos de graça, e, se possível, compartilhe com a família ou com alguém que você ama e estima. A biografia da alegria é o seu *Magnificat* pessoal. É o seu canto de alegria, de um louvor a Deus que é alegria infinita. O contato com a própria alegria é curativo, terapêutico.

2
TESTEMUNHAS DA ALEGRIA

*Ser no mundo uma pequena testemunha
da tua autêntica alegria é uma missão
que cada dia está diante de meus olhos.*

O Cristianismo, ao logo de sua história, já foi criticado por muitos, devido a seu lado mórbido, sombrio e carrancudo. Mas não podemos negar as origens do Cristianismo primitivo, que dizem o contrário. Essa alegria contagiava as pessoas por onde elas passavam. Hoje, mais de 2000 mil anos de Cristianismo, encontramos as testemunhas da alegria em nossas igrejas, comunidades etc.

CRISTO, NOSSA ALEGRIA

O grande pensador e escritor Gilbert Chesterton[1] ensinava belamente: "O cristão é o mais alegre dos homens". É um pensamento que desconstrói a ideia de um Cristianismo

---

[1] <http://www.imissio.net/v2/liturgia-diaria/a-arte-de-fazer-a-alegria-por-tolentino-mendonca:2688/>.

triste, sem vida. O cristão encontra sua verdadeira alegria em Cristo.

Chesterton[2] continua: "Havia uma coisa que [Jesus] escondia a todos os homens, quando subia ao monte para rezar. Havia uma coisa que lhe ocultava com um silêncio inesperado ou com um impetuoso isolamento. Era uma coisa demasiado grande para que Deus a pudesse mostrar quando veio à terra, eu, por vezes, imagino que fosse a sua alegria". Assim, podemos intuir: Jesus e seus seguidores eram pessoas alegres, contentes, bem-humoradas.

Os cristãos aprenderam a conjugar fé, vida, esperança, sonhos e contentamento. Vivem, às vezes, com muito pouco, mas estão sempre sorrindo e fazendo os outros sorrirem. Essas pessoas são as fiéis testemunhas da alegria de viver o Evangelho partilhado em comunidade. Seu testemunho é fidedigno, verdadeiro, espontâneo, cheio de ânimo e coragem, capaz de recriar um mundo mais bonito e mais alegre.

De onde surge a alegria? Jean Vanier,[3] partindo de sua longa experiência de vida, dá uma resposta expressiva: "A alegria surge da unidade que nasce do amor alimentado, dia após dia, de acolhida mútua e perdão. A festa é um canto de alegria e de ação de graças que brota do sentimento de

---

[2] *Ortodoxia*, 2012, p. 243-144.
[3] *Comunidade, lugar do perdão e da festa*, 2009, p. 368.

unidade que, ao mesmo tempo, a cria e aprofunda". Há um dito popular que diz: "Um cristão triste é um triste cristão".

A Igreja quer e deve ser testemunha da alegria da ressurreição. Ela precisa lançar fora o medo do coração de seus membros e abraçar a alegria, que é exigência e fundamento da existência humana. Nesse sentido, a Carta Circular "Alegrai-vos",[4] dirigida aos consagrados e consagradas, é enfática: "A alegria não é um adorno inútil, mas exigência e fundamento da vida humana. Nas preocupações de cada dia, todo homem e mulher procura alcançar a alegria e permanecer nela com todo o seu ser". A alegria dos consagrados e consagradas é alegria de homens e mulheres novos que reconhecem em suas vidas algo da plenitude da vida de Deus e sabem viver dela.

Temos o dever de recuperar o sentido autêntico da alegria evangélica no interior de nossas comunidades, igrejas e no coração do mundo. Somos discípulos e discípulas do Ressuscitado. Para nós, cristãos, a alegria não é algo secundário, supérfluo, como muitos pessimistas têm propagado. Temos uma certeza: sem alegria não é possível amar, lutar, sonhar, criar ou vivenciar algo grande e belo. Sem alegria é impossível celebrar a fé e a vida.

---

[4] "Alegrai-vos" – Carta Circular aos Consagrados e Consagradas, 2014, p. 14.

Em todos os tempos e lugares, tivemos testemunhas da alegria. O filósofo da China antiga Lao-Tsé,[5] possuidor de uma sabedoria milenar, disse: "Aquele que conhece a alegria é rico. Aquele que conserva o seu caminho tem vontade". A riqueza não consiste apenas na posse de bens materiais. Uma pessoa que vive alegre é rica. Rica de valores espirituais, morais e éticos.

A ALEGRIA ESPIRITUAL

Na vivência cristã em comunidade, encontramos cristãos tão alegres que chegamos a perguntar: Essas pessoas não têm problemas, não passam por tribulações e sofrimentos? A verdade é que todos têm suas aflições e dificuldades, porém, a fé que possuem ultrapassa e vai além de tudo isso.

Sabemos perfeitamente que "A sociedade tecnológica teve a possibilidade de multiplicar as ocasiões de prazer; no entanto, ela também encontra grandes dificuldades em experimentar a alegria. Pois esta provém de outra fonte: a alegria espiritual", escreve Paulo VI.[6] Existe algo maior que as pessoas carregam dentro de si: a alegria do Cristo que venceu a morte. Essa alegria da vida nova em Cristo, que vence os escombros da morte, é impulso para continuar o itinerário da fé pascal.

---

[5] <http://frases.art.br/lao-tse>.
[6] *Alegria cristã*, 1975, p. 9.

Como podemos testemunhar com coragem a alegria do Evangelho, em meio a tanto sofrimento no mundo? O frade dominicano e escritor Timothy Radcliffe,[7] com precisão, diz: "Se desejamos conhecer a alegria do Evangelho, não devemos fugir do sofrimento do mundo, mas ter coragem de mergulhar nele, para encontrar no meio dele a alegria de Deus. Querer uma alegria sem tristeza quer dizer viver num mundo de fantasia, é uma forma de evasão da realidade".

A pedagogia da alegria nos coloca em contato com o sofrimento do mundo, mas não porque é masoquista, e sim para que nos solidarizemos com as vítimas do sofrimento e encontremos a alegria de Deus presente nelas. Jamais devemos fugir do sofrimento que esmaga tantos seres humanos em nossa sociedade.

NO RASTRO DA ALEGRIA

Vale a pena ouvir com o coração o testemunho fiel e verdadeiro desses cristãos e cristãs do século XXI, que não são apenas testemunhas de um simples delírio ou de uma simplória alegria. Seu jubiloso testemunho trasborda de uma fonte profunda, clara e límpida.

A Irmã Fátima Lima, catequista franciscana, descreve com estas palavras a alegria de ser missionária na Amazônia:

---

[7] *Por que ter fé? Crer em tempos de incerteza*, 2018, p. 115-116.

"A chegada foi encantadora, diante da esplêndida floresta, dos rios e da cidade. O encanto continuou ao chegar à irmandade e ser bem acolhida pelas Irmãs, que, na alegria francisclariana, fizeram com que eu me sentisse em casa. Ao ir adentrando a Área Missionária São Lucas e conhecendo cada comunidade, cada agente de pastoral e o povo de Deus, o encantamento só crescia e confirmava que o SIM dado valeria a pena. Todo dia o Senhor me despertava com 'Eis-me aqui, Senhor, para fazer a tua vontade'. E confesso ter entrado de cabeça na catequese, na formação com as lideranças, na espiritualidade e no acompanhamento com as oito comunidades. Tudo isso só me dava a certeza de que: *é isso que eu quero, é isso que desejo abraçar com todas as minhas forças e a minha alma*. E assim se passaram dois anos e oito meses de verdadeira doação e serviço ao Reino de Deus. E o retorno me fez sentir uma satisfação total, de mulher consagrada e realizada".

Esta é uma alegria doada ao serviço da vida e do povo de Deus, sedento de tantas coisas.

Quando perguntei a meu amigo, Pastor Ricardo Firmino, o que o fazia ser uma pessoa alegre, contente, ele respondeu de forma direta e simples: "A alegria, para mim, parte de minha tranquilidade e de minhas conquistas. Dificilmente fico alegre com a mente cheia de preocupações e com as impossibilidades. Compartilho a alegria com as conquistas de minha família, esposa e filhos". A alegria provém de uma mente tranquila, serena. Ela vem também das conquistas e realizações partilhadas no meio familiar e comunitário.

Jaci Maria da Silva, franciscana de Santa Isabel da Hungria, é uma pessoa que espalha uma alegria vibrante por onde passa. Eis o seu autêntico testemunho: "São tantas coisas que me fazem ser alegre, ser feliz. Principalmente a minha vida consagrada... é uma das coisas em que sinto a alegria do Senhor. Cada vez que leio o Evangelho do dia, sinto a alegria do Evangelho, alegria do ressuscitado. Uma das minhas maiores alegrias é quando lembro da minha caminhada na fraternidade, de cada momento, do sim que eu dei. Sinto-me alegre, quando todos estamos juntos na fraternidade e também quando estou com a minha família".

A alegria não é passageira. Ela mora na alma, no coração, no ser. Quando lembramos fatos ou acontecimentos importantes da vida, voltamos a sentir alegria. A alegria de escutar o Evangelho todos os dias e deixar-se plasmar por essa escuta, por essa Palavra que liberta.

A alegria de estar junto daqueles que são considerados descartáveis e inúteis para a "sociedade líquida" é algo que impressiona. Perguntei ao Frei Amarildo Mascarenhas qual seria na vida a sua maior alegria, e ele me respondeu, sem hesitação: "Sentir autonomia de viver a missão de forma autônoma e inserida entre os 'leprosos' do milênio (os povos indígenas)". Viver a missão de forma plena e alegre entre os pobres, como fez Francisco de Assis: Este é o desejo e o prazer desse irmão menor. O testemunho alegre e espontâneo das pessoas consagradas é constatado pelo próprio Papa Francisco: "Onde quer que haja consagrados, aí está a alegria". Esses homens e mulheres têm algo a comunicar e celebrar, são testemunhas e sabem que a alegria não é algo secundário e supérfluo.

Com nossas preocupações e agitações diárias, perdemos a capacidade de desfrutar das coisas simples da vida. Conversando com André Luis P. Mousinho, um jovem professor de Filosofia, eu lhe perguntei: O que deixa você alegre? Ele parou, pensou e afirmou: "Coisas simples do dia a dia me fazem alegre. Ter um bom livro. Um café. Minha família etc. Acordar e ver que a vida vale a pena. Alegria é uma busca constante na vida de qualquer pessoa. Ela acompanha o ser humano há muito tempo e faz parte de sua existência".

Coisas simples, pequenos gestos e atitudes contribuem para que a alegria verdadeira floresça e espalhe o seu bom perfume sobre a terra. Para vivermos a dádiva da alegria, só precisamos estar conectados com nós mesmos e com as pessoas ao nosso redor.

Todos os testemunhos expressos com convicção e alegria ganham consistência nas palavras do grande teólogo alemão Bernhard Häring,[8] ao tecer o seguinte comentário: "O senso de humor cristão, que brota da certeza redentora quanto ao definitivo ser-aceito, deveria ser propriamente o modo como a alegria do Evangelho (Boa Notícia) se vai irradiando, de modo quase imperceptível, na vida cotidiana, na dureza sem humor deste mundo dominado pela técnica". A alegria do Evangelho transpõe os obstáculos que surgem com as novas tecnologias.

E, por último, vem o testemunho da alegria de Dom Helder Camara,[9] bispo, profeta dos pobres e poeta. De seus lábios brota a prece que testemunha a sua alma contagiada pela alegria de Deus. Ele reza: "Pai! É tão importante para o apostolado a verdadeira alegria, que pode existir juntamente com sofrimentos; é tão importante para o apostolado a alegria que nasce da paz interior, da união convosco, da confiança plena na vossa bondade e na vossa misericórdia, que eu prometi, confiante na vossa graça, lutar contra a tristeza, filha do amor próprio ferido ou da falta de confiança em vós".

Nem todos os dias nos encontramos alegres, mas procurar manter a paz no coração é uma atitude benéfica para nós e, também, para os que convivem conosco. É um exercício

---

[8] *Felicidade e alegria. Aprendendo a ser feliz*, 2005, p. 42.
[9] *Um olhar sobre a cidade*, 1995, p. 136.

humano-espiritual a ser praticado cada dia. O salmista relembra essa experiência, quando canta: "O choro pode durar uma noite, mas a alegria vem pela manhã" (Sl 30,5). Tristeza e alegria fazem parte da vida do ser humano. O mais importante é sempre fazer a travessia da tristeza para a alegria.

A Irmã Tecla Merlo não se cansava de dizer: "Se mil vidas eu tivesse, mil vidas eu daria por causa do Evangelho". Só um grande amor desinteressado é capaz de entregar-se livremente pelo Evangelho. Hoje, somos capazes de dar a vida pela causa do Evangelho? É preciso convicção. É preciso paixão! É preciso coragem para doar a vida pelo Evangelho da alegria. Não deixe sua vida passar em branco. A pedagogia da alegria quer estimulá-lo a deixar uma marca positiva no mundo, para que as pessoas possam recordar de você com apreço, dizendo: foi uma pessoa que semeou alegremente a boa mensagem de Cristo no mundo.

Exercício espiritual

Recorde uma experiência de profunda alegria que você viveu. Tente lembrar o nome das pessoas que estavam a seu redor. Consegue vislumbrar a fisionomia delas? Lembre o lugar, o ano, a paisagem onde a experiência foi vivenciada etc. Agora, visualize uma experiência de profunda tristeza que tenha vivido no coração, na alma. Procure recordar os motivos que o levaram a esse estado de ânimo.

Neste exato momento, como você se sente: alegre ou triste? Independentemente da sua resposta, agradeça a Deus, fonte de nossa alegria, pelos momentos alegres e pelos não tão alegre por que passou. Viver a alegria da gratidão é uma profunda experiência bio-psico-espiritual.

3
VIVER SEMPRE ALEGRES

*Cavar fundo, sair da epiderme
para beber da tua fonte que nutre
e mantém o brilho da alegria
sempre revigorado.*

O que seria uma vida sem alegria? Sir Walter Scott[1] responde: "A vida sem alegria é lâmpada sem óleo". A vida sem alegria é vida sem brilho, sem irradiação. A vida sem alegria é determinada pela opacidade. Não tem luminosidade própria.

Padre Luigi Quadrelli da Pietrasanta não se cansava de dizer: "Alegrai-vos sempre, vos repito, alegrai-vos, a vossa fraterna humildade seja vista em todo o mundo". Estar sempre alegres é um estado de vida, de ânimo, que deve servir de testemunho. O apóstolo Paulo, na Carta aos Filipenses escreve: "Alegrai-vos sempre no Senhor, de novo vos digo: alegrai-vos". É outro refrão que podemos cantar e rezar: viver

---

[1] *Diário-Vozes*, 2015, p. 48.

sempre alegre é o lema do cristão. De Paulo VI[2] recebemos este ensinamento: "Fazer tudo, fazer logo, fazer bem, fazer alegremente". Quando realizamos tudo com satisfação e alegria, as coisas ganham uma nova configuração.

Michel Quoist faz uma afirmação muito pertinente aos dias atuais: "Não temos o direito de ficar tristes. Um cristão deve sempre manter viva no coração a plenitude da alegria". Mesmo diante da dor, da angústia e do sofrimento, é preciso cultivar, ou seja, manter a plenitude da alegria. Paulo está sempre motivando, animando os cristãos a permanecerem alegres e unidos pela oração. Ele escreve: "Estejam sempre alegres, orem sempre e sejam agradecidos a Deus em todas as ocasiões. Isso é o que Deus quer de vocês por estarem unidos com Cristo Jesus" (1Ts 5,16-18).

A FONTE DA ALEGRIA CRISTÃ

Qual é a fonte da alegria? Rubem Alves[3] escreveu: "A vida é uma fonte de alegria". O frade carmelita, Patrício Sciadini, por sua vez,[4] diz: "Ser alegre não é sorrir, mas deixar a alegria cantar, brotar como água viva no íntimo do coração. Não só devemos ser alegres, mas devemos nos alegrar. Com quê?

---

[2] *Madre Teresa. Tudo começou na minha terra*, 2016, p. 85.
[3] *Presente, frases, ideias, sensações...*, 2004, p. 61.
[4] *Rezar é...* 2004, p. 73-74.

Com todas as coisas bonitas que vemos, com o bem... Com quem? Com todas as pessoas... Ser alegre com quem está alegre e triste com quem está triste. Somos fonte da alegria de Deus e Deus é fonte de nossa alegria".

A fonte da alegria é o Espírito Santo. Laurence Freeman[5] escreve: "O Espírito é a totalidade dentro de nós, é como um tesouro enterrado. A escavação pode ser difícil, mas, à medida que a fazemos, deparamo-nos com uma fonte de alegria. Pode ser que ela flua por algum tempo e, então, desapareça; devemos continuar cavando". O Espírito desperta para a alegria interior. Não podemos viver uma farsa da alegria.

Assim escreve o teólogo José Antonio Pagola:[6] "O Espírito de Deus coloca em nós alegria interior, introduz em nós luz e transparência, nos faz conhecer uma confiança nova diante da vida. Algo muda em nós. Viver animados pelo Espírito nos liberta do vazio e da solidão interior".

Rubem Alves[7] certifica: "As fontes da alegria se encontram no mundo de dentro". A mística Teresa dos Andes dizia: "Deus é alegria infinita. Quem sabe seja esta uma das belas experiências de Deus: deixar-se amar e conduzir pelos

---

[5] *Perder para encontrar*, 2008, p. 73.
[6] *Crer, para quê. É possível acreditar de novo*, 2012, p. 125.
[7] *Presente, frases, ideias, sensações...*, 2004, p. 53.

caminhos do Espírito". Ao longo da história, homens e mulheres mataram a sua sede bebendo da fonte da alegria, que é o próprio Deus. Esses homens e mulheres são ícones de uma alegria que gera comunhão e compaixão. Francisco de Assis é um deles. O irmão sempre alegre. Teresa de Calcutá, Helder Camara, Papa Francisco, João XXIII, Irmã Dulce dos Pobres, Irmã Dorothy, e tantos outros, cativaram o mundo com o leve sorriso e a alegria espontânea e contagiante.

O poeta brasileiro Mario Quintana[8] mostra quão enriquecedor é o sorriso: "O sorriso enriquece os recebedores sem empobrecer os doadores". E Mestre Eckhart,[9] dominicano alemão do século XIV, disse que "O Pai ri para o Filho e o Filho ri para o Pai, e o riso gera prazer, e o prazer gera alegria, e a alegria gera amor". Há uma verdadeira fusão de prazer, alegria e amor no coração da Trindade. E, nesse sentido, o teólogo Karl Barth afirmou: "O riso é a coisa mais próxima da graça de Deus". Nosso Deus tem bom humor!

O místico do século XIII, Raimundo Lúlio,[10] assim rezava: "Senhor, já que puseste tanta alegria no meu coração, alarga-a; peço-te por todo o meu corpo, para que o meu rosto e o meu coração e a minha boca e as minhas mãos,

---

[8] *Diário-Vozes*, 2014, p. 18.
[9] *Por que ser cristão?*, 2011, p. 92.
[10] Ibid., p. 95.

todos os membros sintam a tua alegria. O mar não está tão cheio de água como eu de alegria". A alegria cristã deve ser integral, isto é, incluir todas as dimensões da pessoa. É sentir corpo, mente e espírito num movimento, numa dança prazerosa.

O Papa Francisco,[11] nas meditações matutinas na santa missa celebrada, na capela da casa Santa Marta, enfatiza que: "O bilhete de identidade do cristão é a alegria": a "admiração" diante da "grandeza de Deus", do seu "amor", da "salvação" que doou à humanidade, não pode deixar de levar o crente a uma alegria que nem sequer as cruzes da vida podem afetar, porque também na provação há "a certeza de que Deus está conosco". A identidade do cristão é a alegria. Em outras palavras, a marca do cristão é alegria.

Patrício Sciadini[12] lembra ao homem da pós-modernidade que "Não é o caminho da psicanálise que vai realizar o homem, mas o *caminho* que leva a Deus e nos restitui a paz e a alegria". Os caminhos da paz e da alegria, se forem trilhados na leveza e naquela confiança do apóstolo: "Tudo posso

---

[11] <https://w2.vatican.va/content/francesco/pt/cotidie/2016/documents/papa-francesco-cotidie_20160523_hino-a-alegria.html>.

[12] *Nunca caminhe sozinho*, 1992, p. 12.

naquele que me fortalece", contribuem para a plenitude da realização do ser humano.

Para José Tolentino Mendonça, "O importante é que a alegria circule de coração a coração". Nesse sentido, o grande teólogo medieval Tomás de Aquino escreveu: "Nenhum homem possui verdadeiramente a alegria, a menos que ele viva apaixonado". A paixão, o amor, o contentamento conduzem a pessoa a um estado permanente de alegria.

ALEGRIA E ESPERANÇA

Um cristão não vive sem alegria e esperança. A caminhada cristã é movida por duas coisas. O grande teólogo jesuíta Teilhard de Chardin disse com acerto: "Esperança é o que precisamos para que nossa alegria seja completa". Sem esperança confiante, não temos alegria plena.

O Papa Francisco[13] tem recordado que "A alegria cristã não se pode comprar, recebe-se como dom do Senhor. A alegria dos cristãos é a alegria da esperança". Paulo escreve aos romanos, dizendo: "Alegrai-vos na esperança, sede pacientes na tribulação, perseverai na oração" (Rm 12,12). O nosso Deus é o Deus da esperança. O apóstolo continua animando os cristãos na esperança e na fé: "Que o Deus da

---

13 <http://www.educris.com/v2/34-destaques/4115-papa-francisco-vida-crista-e-alegria-na-esperanca>.

esperança os encha de toda alegria e paz, por sua confiança nele, para que vocês transbordem de esperança, pelo poder do Espírito Santo" (Rm 15,13). Quantos cristãos vivem hoje desmotivados e sem esperança? O que lhes roubou a esperança de viver?

O Papa[14] continua afirmando: "Uma alegria sem esperança é simples divertimento, uma alegria passageira. Uma esperança sem alegria não é esperança, não vai além de um saudável otimismo; mas alegria e esperança vão juntas e as duas fazem esta explosão que a Igreja, em sua liturgia, quase grita, sem pudor: 'Exulte a tua Igreja!', exulte de alegria. Sem formalidades, porque quando uma alegria é forte, não existe formalidade: é alegria". Alegria é algo que brota do coração cheio de Deus, cheio de paz. A alegria está para além de qualquer formalidade, de qualquer burocracia.

A alegria como dom deve ser pedida, suplicada a Deus na oração. É por isso que o Papa Francisco[15] reza a Deus pedindo a graça de uma grande alegria, expressão de uma firme esperança: "Que o Senhor nos dê esta graça, de uma alegria grande, que seja a expressão da esperança, uma esperança forte, que se torne alegria em nossa vida. Que o Senhor custodie esta alegria e esta esperança, para que ninguém as tire

---

[14] <http://franciscanos.org.br/?p=108902>.
[15] <http://www.dioceseprocopense.org.br/posts/detalhe/506>.

de nós". Que nada nem ninguém nos tirem a alegria e a esperança de sorrir e sonhar!

A antiga sabedoria bíblica nos ajuda a compreender as palavras do Papa: "A alegria do coração é a vida do homem, e um inesgotável tesouro de santidade. A alegria do homem torna mais longa a sua vida" (Ecl 30,22-23). O teólogo Karl Barth faz uma afirmação pertinente e profunda: "Alegria é a forma mais simples de gratidão". Ser alegre é demonstrar gratidão a Deus e às pessoas que nos cercam. Uma pessoa alegre é sempre grata.

ALEGRIA E PAZ

Muitas vezes confundimos alegria com euforia. O Papa Francisco diz: "A alegria não é viver de risada em risada. Não, não é isso. A alegria não é ser engraçado. Não, não é isso. É outra coisa. A alegria cristã é a paz. A paz que está nas raízes, a paz do coração, a paz que somente Deus pode nos dar. Esta é a alegria cristã. Não é fácil preservar esta alegria". Por isso, São Tomás de Aquino[16] orientava: "É necessário que todo aquele que quer progredir tenha alegria espiritual". E o Doutor Angelicus dizia ainda: "A alegria é causa do amor". Podemos dizer de outro modo: a alegria

---

[16] *Madre Teresa. Tudo começou na minha terra*, 2016, p. 83.

é fruto do amor. Santa Teresinha do Menino Jesus escreveu nos seus manuscritos: "Viver de amor é navegar sem cessar, semeando a paz, a alegria em todos os corações". Sejamos semeadores de paz e alegria onde o ódio e a tristeza tentam se impor de forma arbitrária.

Para o filósofo e matemático Blaise Pascal,[17] "O segredo da vida alegre e contente é estar em paz com Deus e com a natureza". O segredo da vida boa e alegre é estar em paz com tudo e com todos.

A alegria é fruto do Espírito Santo. O Papa Francisco[18] afirma: "A alegria cristã é o respiro do cristão, um cristão que não é alegre no coração não é um bom cristão. É o respiro, o modo de se expressar do cristão, a alegria. Não é algo que se compra ou que faço com esforço, não: é um fruto do Espírito Santo. Quem faz a alegria no coração é o Espírito Santo". São Nilo, o Antigo,[19] sentenciou: "A doçura do espírito nasce da alegria, enquanto a tristeza é como boca do leão que devora o homem melancólico". No Livro de Provérbios lê-se: "Rosto alegre é sinal de bom coração, mas inventar provérbios é trabalho fatigante" (Pv 13,26).

---

[17] *Diário-Vozes*, 2015, p. 231.
[18] <https://www.vaticannews.va/pt/papa-francisco/missa-santa-marta/2018-05/papa-francisco-missa-santa-marta-alegria.html>.
[19] *Madre Teresa. Tudo começou na minha terra,* 2016, p. 83.

O místico espanhol São João da Cruz faz uso de uma bela imagem para descrever alegria do ser humano. Diz ele: "O homem que realmente ama a Deus vive nadando em alegria, está sempre como que em férias e pronto para cantar". Nadar no rio, no mar da alegria, é uma imagem de leveza, de paz, de harmonia, de tranquilidade. O poeta Jalaluddin Rumi[20] usa uma imagem muito semelhante à de João da Cruz. Ele diz: "Quando você faz as coisas a partir de sua alma, você sente um rio mover em você, uma alegria". Fazer as coisas a partir da alma é sentir o movimento de rio, um rio de alegria que corre até sua fonte que jamais seca.

A VIDA É ALEGRIA

As redes sociais, o "mundo virtual", podem nos enganar e nos iludir de que tudo é alegria, festa, viagens, passeio, fotos e mais fotos etc. Nem sempre a vida é assim.

O teólogo Tomás Halík[21] afirma: "A alegria espiritual fora substituída por um sucedâneo barato: diversão – promoção grosseira ao gosto dos consumidores e irrefletidos da atual 'indústria de entretenimento' de massas. É muito

---

[20] <https://tudopositivo.wordpress.com/2017/12/21/rumi-citacoes-e-aforismos/>.

[21] *Paciência com Deus. Oportunidade para um encontro*, 2015, p. 34.

triste observar como aqueles que deveriam ser profetas estão transformados em embaraçosos palhaços". Nem sempre estamos tão alegres, contentes e felizes. O importante é manter a paz do coração. Mas, por outro lado, não podemos negar que a vida é revelada como alegria contida e contínua.

O místico indiano Rabindranath Tagore percebeu esse mistério da vida por entre as linhas. Tagore[22] diz: "A vida revela-se ao mundo como uma alegria. Há alegria no jogo eternamente variado dos seus matizes, na música das suas vozes, na dança dos seus movimentos. A morte não pode ser verdade enquanto não desaparecer a alegria do coração do ser humano". Tagore recorda algo precioso: a vida revela-se e desvela-se ao mundo como alegria, e essa alegria perpassa todos os aspectos da existência.

Portanto, enquanto não desaparecer a alegria do meu coração, é como disse o teólogo evangélico luterano Paul Gerhardt: "Meu coração, sai por aí em busca de alegria". Estamos sempre em busca da alegria, da festa, do amor e do terno abraço. Somos seres constituídos de emoção, afeto, sentimentos etc.

---

[22] <https://citacoes.in/autores/rabindranath-tagore/citacoes-de-morte/>.

O monge e escritor Anselm Grün[23] comenta: "A alegria é uma emoção que nos impulsiona a servir à vida, a despertar vida em outras pessoas. A alegria nos impele a ir aos outros. Ela nos torna vivos, desperta em nós nova energia, nos faz ter prazer no trabalho e começar o dia com entusiasmo". Se a vida é alegria, "encontremo-nos uns com os outros com um sorriso, pois o sorriso é o começo do amor", afirmava Teresa de Calcutá.[24] Clarissa Pinkola Estér, por sua vez, escreve com exatidão: "A alegria é a seiva da vida, o alimento da esperança e a vida da alma".[25] Sem o néctar, o elixir da alegria, é impossível viver de forma saudável e plena.

São Leão Magno,[26] no sermão da solenidade do Natal, motiva-nos com estas palavras: "Alegremo-nos. Não pode haver tristeza no dia em que nasce a vida; uma vida que, dissipando o temor da morte, enche-nos de alegria com a promessa da eternidade". Alegremo-nos, a vida nasce e renasce, apesar dos acontecimentos dramáticos.

A psicóloga Verena Kast em seu trabalho terapêutico, nos convida a escrever a nossa "biografia da alegria". Escrever a

---

[23] *Reencontrar a própria alegria*, 2005, p. 46.
[24] <http://muitascoisasdemaria.blogspot.com/2012/01/clarice-me-disse.html>.
[25] *Diário-Vozes*, 2016, p. 65.
[26] *Liturgia das horas*, 1999, p. 362, v. I.

biografia da alegria significa recordar momentos alegres que marcaram a infância e a vida toda. Entrar em contato com a própria fonte da alegria. Relembrar, recordar os momentos alegres da existência. Reviver, recriar e ressignificar esses momentos. Isso é benéfico e benfazejo. Alegria é como um bálsamo que faz bem à alma.

Verena Kast[27] mostra como podemos recuperar a alegria por meio da imaginação criativa e saudável: "Quando nos alegramos e realmente nos conscientizamos dos sentimentos de alegria, estamos em harmonia com nós mesmos e com o mundo. A vida melhora, é mais bela do que esperamos, quando nos alegramos – sentimos uma ligação com as outras pessoas, com a natureza, e isso nos transmite uma autoestima tão agradável que não precisamos mais refletir sobre ela [...] Quando nos lembramos de experiências que causaram alegria, podemos recuperar essa alegria na imaginação, voltamos a ter as mesmas emoções e os mesmos sentimentos. Isso nos vivifica". Recuperar a alegria interior, através da imaginação, é simplesmente vivificador.

O poeta Fernando Pessoa[28] escreveu: "Todo estado de alma é uma paisagem. A tristeza é um lago morto dentro de nós. A alegria, um dia de sol em nosso espírito". A alegria é

---

[27] *A alma precisa de tempo*, 2016, p. 47.
[28] *Obra poética de Fernando pessoa*, 2016, p. 33.

um sentimento interior, ligado às coisas do espírito. A alegria é um sentimento radiante, luminoso, semelhante aos raios do sol que aquece e espalha seu brilho. O escritor russo Fiodor Dostoievsky[29] nos oferece um bom conselho: "Meus amigos, rogai a Deus alegria. Sede alegres como as crianças, como as aves do céu".

Na Idade Média, o riso era suspeito. Continha certa ambiguidade. Na modernidade, isso chega até a ser cômico. "A vida é uma divina comédia... Na terra mística anterior ao nosso nascimento, o riso sincero é sinal de que Deus está próximo", escreve Thomas Moore.[30] O riso sincero e o amor no coração são capazes de transformar vidas inteiras. Martin Luther King Jr.,[31] sabendo dessa verdade, disse certa vez: "Pouca coisa é necessária para transformar inteiramente uma vida: amor no coração e sorriso nos lábios". A receita parece fácil, mas não é. É necessário a prática diária, o exercício contínuo. Contudo, a maior de todas as alegrias emana do nosso encontro com o Deus da vida e da alegria.

---

[29] <https://quemdisse.com.br/frase/meus-amigos-rogai-a-deus-alegria-sede-alegres-como-as-criancas-como-as-aves-do-ceu/40050/>.

[30] *O self original: vivendo com o paradoxo e a originalidade*, 2004, p. 169.

[31] <https://exame.abril.com.br/blog/o-que-te-motiva/sorriso-gera-sorriso/>.

Na sabedoria espiritual do deserto, encontramos histórias onde sorriso e bom humor estão estreitamente unidos até no último momento, a morte. Numa coletânea de Anselm Grün[32] há este dito: "Certa vez faleceu na *eketis* um Pai antigo. Os irmãos colocaram-se ao redor de sua cama para dar-lhe assistência e chorar por ele. Ele, porém, abriu seus olhos e riu, voltou a abri-los e riu uma segunda vez, e fez a mesma coisa uma terceira vez. Então os irmãos lhe perguntaram: Diga-nos, Pai, por que ris, enquanto nós choramos? O antigo Pai respondeu: Pela primeira vez, ri porque todos vocês temem a morte. Pela segunda vez, porque não estão preparados. E, pela terceira, porque vou passar do trabalho para o descanso". O cômico está presente nas histórias de pais e mães do deserto. Nem a morte é capaz de tornar o riso opaco, sombrio. O riso é confortador, consolador, e deixa claro que a morte é algo que faz parte da condição humana.

---

[32] *Sabedoria do deserto. 52 histórias de monges para uma vida plena*, 2017, p. 130.

Exercício espiritual

Vamos rezar a alegria do Evangelho:
Senhor, não permitas que nada nem ninguém nos roubem a alegria de viver e sonhar com um mundo mais justo e fraterno. Enche o nosso coração de júbilo e encantamento pela beleza da vida de uma criança que nasce, do jovem que amadurece e do idoso que, com o passar dos anos, fica mais sereno e sábio. Senhor, tira-nos da tristeza, da apatia e da indiferença, que geram dor e sofrimento para a humanidade. Ajuda-nos a manter, em nossa mente, espírito e coração, uma atmosfera de alegria, serenidade e paz. Não é fácil vivermos sempre alegres, mas tu és a nossa infinita alegria. Ensina-nos cada dia a viver intensamente a pedagogia da alegria como senda para desfrutar a vivacidade que existe dentro e fora de cada um de nós. Que a tua alegria seja a nossa vitalidade na caminhada. Amém!
Agora, com suas palavras, dirija a Deus uma breve oração pela alegria de ser e viver. Dê espaço ao Espírito Santo e deixe-o conduzir este momento de profunda intimidade com a família divina: a Santíssima Trindade, Pai e Filho e Espírito Santo.

UMA PALAVRINHA FINAL

A PEDAGOGIA DA ALEGRIA revela-nos o segredo da plena alegria que brota da fonte interior. O convite que está por detrás destas páginas é este: caminhemos nas sendas da alegria evangélica. Entremos na escola do Evangelho para aprender a pedagogia, para sermos, de fato, discípulos e discípulas do Mestre Jesus de Nazaré. Na fonte do Evangelho, vamos descobrir o mistério da alegria cristã. Caminhemos para a fonte. O Espírito nos conduz. Bebamos da fonte da alegria que nunca seca.

Somos convidados a permanecer na alegria – alegria que já é antecipação de uma alegria perene. Que brote em nosso coração a alegria de viver com Deus e para Deus tão somente. Mas não nos esqueçamos de compartilhar esta alegria com quem está do nosso lado, muitas vezes triste, amargurado, angustiado e deprimido. Somos portadores de uma alegria humana e divina. Somos portadores da alegria de Deus em nosso tempo presente.

Recordo, no final desta reflexão, as palavras que foram atribuídas ao grande místico cristão Francisco de Assis:

"Onde houver tristeza, que eu leve a alegria". Onde houver tristeza, pranto, dor, sofrimento, levemos a nossa alegria, a alegria do Ressuscitado. Fica o conselho: "Onde existir a tristeza, que levemos o coração cheio, pleno, repleto de alegria".

REFERÊNCIA BIBLIOGRÁFICA

ABELN, Reinhard; KNER, Anton. *O que tem importância da vida. Sobre caminhos bons e recomendáveis*. Rio de Janeiro: Vozes, 2008.

ALVES, Rubem. *A grande arte de ser feliz*. São Paulo: Editora Planeta, 2014.

_____. *Presentes. frases, ideias, sensações...* São Paulo: Papirus, 2004.

BOFF, Leonardo. *Natal: a humanidade e a jovialidade de nosso Deus*. Rio de Janeiro: Vozes, 2004.

CAMARA, Helder. *Um olhar sobre a cidade*. São Paulo: Paulus, 1995.

CARLOS, Luiz. *Felicidade e alegria. Aprendendo a ser feliz*. Rio de Janeiro: Vozes, 2005.

CASTILLO, José Maria. *Espiritualidade para insatisfeitos*. São Paulo: Paulus, 2012.

CENCINI, Amedeo. *Alegria, sal da vida cristã*. São Paulo: Paulus, 2018.

CHESTERTON, G. K. *Ortodoxia*. São Paulo: Mundo Cristão, 2012.

CHITTISTER, Joan. *A dádiva do tempo. Envelhecer com dignidade*. São Paulo: Paulinas, 2013.

DAMIAN, Edson T. *Espiritualidade para nosso tempo com Carlos de Foucauld*. São Paulo: Paulinas, 2007.

FREEMAN, Laurence. *Perder para encontrar. A experiência transformadora da meditação*. Rio de Janeiro: Vozes, 2008.

GRÜN, Anselm. *Sabedoria do deserto. 52 histórias de monges para uma vida plena*. Rio de Janeiro: Vozes, 2017.

_____. *Reencontrar a própria alegria*. São Paulo: Loyola, 2005.

HALÍK, Tomás. *Paciência com Deus. Oportunidade para um encontro*. São Paulo: Paulinas, 2015.

KAST, Verena. *A alma precisa de tempo*. Rio de Janeiro: Vozes, 2016.

LITURGIA DAS HORAS. São Paulo: Vozes/Paulinas/Paulus, Ave-Maria, 1999, v. I.

MENDONÇA, José Tolentino. *Nenhum caminho será longo. Para uma teologia da amizade*. São Paulo, Paulinas, 2013.

MOORE, Thomas. *O self original: vivendo com o paradoxo e a originalidade*. Rio de Janeiro: Verus, 2004.

NOUWEN, Henri. *Transforma meu pranto em dança. Cinco passos para sobreviver à dor e redescobrir a felicidade*. Rio de Janeiro: Thomas Nelson, 2007.

PAGOLA, José Antônio. *Crer, para quê. É possível acreditar de novo*. São Paulo: Ave-Maria, 2012.

PAPA FRANCISCO. Exortação Apostólica pós-sinodal do Papa Francisco *Christus vivit*, para os jovens e para todo o povo de Deus. São Paulo: Paulus, 2019.

PAULO, VI. *A alegria cristã*. Exortação apostólica *Gaudete in domino*. São Paulo: Paulinas, 1975.

PESSOA, Fernando. *Obra poética de Fernando Pessoa*. Rio de Janeiro: Nova Fronteira, 2016.

RADCLIFFE, Timothy. *Por que ser cristão?* São Paulo, Paulinas, 2011.

_____. *Por que ter fé? Crer em tempos de incerteza*. São Paulo: Paulinas, 2018.

SCCARDI, Cristina. *Madre Teresa. Tudo começou na minha terra*. São Paulo: Paulus, 2016.

SCIADINI, Patrício. *Nunca caminhe sozinho*. São Paulo: Loyola, 1992.

_____. *Rezar é*. São Paulo: Loyola, 2004.

SCHNEIDER, Roque. *Pensamentos e orações*. São Paulo: Loyola, 2002.

THOMAS, Moore. *Escrito na areia. O exemplo de Jesus nos ensina a viver melhor*. São Paulo: Prumo, 2009.

VANIER, Jean. *Comunidade, lugar do perdão e da festa*. São Paulo: Paulinas, 2009.

Rua Dona Inácia Uchoa, 62
04110-020 – São Paulo – SP (Brasil)
Tel.: (11) 2125-3500
http://www.paulinas.com.br – editora@paulinas.com.br
Telemarketing e SAC: 0800-7010081